Späte Berufung

Spät war ich aufgebrochen,
des Lebens Mitte hatt' ich überschritten,
als ich begann die Dinge
in Worte einzukleiden,
die nun den Weg nach außen suchten,
vielleicht für mich allein als Rückschau
all dessen, was ich selbst gewesen,
bisweilen auch in großem Staunen,
vor dem was Worte sagen können.

Und kostbar wird die Zeit,
die Antwort geben will der Stimme,
die Form und Inhalt ist,
um sich der Umwelt mitzuteilen
als Botschaft eines zweiten Ich.

Zu diesem Buch:

Auf das Lebensende hin orientiert sind die vorliegenden Gedichte. Der Autor hat dafür bewusst die strenge Reimform des Sonetts gewählt. Es gelingt ihm hier wohl am ehesten, vorhandene Gefühle in Worte zu fassen. Immer wieder steht das Motiv des Abschieds, des Übergangs und der Daseinsgrenzen im Vordergrund. Ein bemerkenswert eindrucksvolles Beispiel dafür sind die Gespräche mit P., einem früh Verstorbenen, mit denen vier Meisterwerke in Gedichtform vorliegen. Mit persönlichen Grenzerlebnissen, wiederum in Sonettform, findet der Band seinen Abschluss. Die in ihm enthaltenen Bilder sind Angelpunkte für einzelne Texte und steigern deren Ausdrucksvermögen.

Der Autor:

Wolfgang Rinn, geb. 1936 in Tübingen, war viele Jahre als Sonderschullehrer in der Behindertenarbeit tätig und lebt heute in Reutlingen. Seine ersten dichterischen Versuche reichen in das Jahr 1992 zurück. Der Autor schrieb zunächst Sonette, löste sich aber später von gebundenen Formen, um in letzter Zeit wieder zu diesem strengen Reimschema zurückzukehren. 1998 veröffentlichte er seinen ersten Gedichtband, dem in den Jahren danach weitere folgten. Heute ist er mit seinen Gedichten in zahlreichen Anthologien, Tageszeitungen, Zeitschriften und im Internet vertreten. Die Themen kreisen um Sterben und Tod, aber auch Tier-, Blumen- und Landschaftsgedichte hat Wolfgang Rinn geschrieben. Im Jahr 2017 erschienen meditative Betrachtungen zu einem Kreuzweg mit 15 Stationen in Metzingen/ Württemberg, Texte zu Keramikbildern in Ton von Schwester Caritas Müller, einer über die Landesgrenzen hinaus bekannten Künstlerin und Dominikanerin aus dem Kloster Cazis in der Schweiz. Die 2017 und 2018 veröffentlichten Lyrikbände haben die Welt der Vögel, das Weihnachtsgeschehen und den Abschied vom Leben zum Thema. 2018 erhielt Wolfgang Rinn den 1. Preis beim 4. Bubenreuther Literaturwettbewerb mit dem Gedicht „Abschied" (siehe Seite 9).

Wolfgang Rinn

Des Lebens Wege

Bilder und Sonette

Satz und Layout: Jochen Bohnen
Überarbeitete und erweiterte Fassung des Gedichtbandes
„Am Ende angekommen"

Bildnachweis:

Das Titelbild ist eine Gouache der Künstlerin Susanne Reusch mit dem Titel Lebensmelodie, auch die Gouache auf Seite 58 stammt von ihr. Die Bilder auf Seite 14, 16, 18 und 20 sind gemalt von Peter Treß.
Die Aquarelle auf den Seiten 48 und 64 sind von Petra Rinn. Von ihr stammen auch die Fotoaufnahmen auf Seite 24, 26, 28, 30 und 32 von Arbeiten des Kunstschmieds Paul Zimmermann aus Pliezhausen / Krs. Reutlingen.
Das Foto auf Seite 34 ist von Ursula Schmalzried. Die beiden Bilder auf den Seiten 54 und 60 sind Arbeiten des Künstlers Erich Laun.

Herstellung und Verlag:

BoD - Books on Demand, Norderstedt
ISBN 9783756234431

I.

Am Ende der Lebenswege

- Übergang ins andere Land -

Übergang

Ich trete still heraus aus diesem Kreise,
der weiter schwingt und fühle mich verlassen;
auf bisher mir noch unbekannte Weise
führt nun der Weg, da ich zurückgelassen.

Wie einer Schritte lernt, um neu zu gehen
und Spuren hinterlässt, die nie gewesen,
so schreite ich und bleibe manchmal stehen
und schaue dieses Land gleich einem Wesen,

das näher kommt in mancherlei Gestalt
und seinen unaussprechlichen Gebärden,
den Weg zu zeigen der einmal soll werden.

Ich gehe weiter ohne Zwischenhalt,
das Ziel rückt näher und des Lebens Ende:
du spürst, du stehst vor einer großen Wende.

Hinübergehen

Ich sehe dich den Weg zu Ende gehen,
den einen langen ohne Wiederkehr,
und bald wirst du am andern Ufer stehen,
ich spüre, deine Last ist fast zu schwer,

das letzte Ziel in Freiheit zu erlangen,
um dann befreit mit großer Leichtigkeit
Erfüllung schenken sehnlichem Verlangen
und abzustreifen, was so lange Zeit

dir Inhalt war als deines Lebens Sinn,
nun aber Richtung wechselt im Beenden
und Mut dir gibt, nach vorne dich zu wenden,

zurück zu lassen was dir wichtig schien,
und du erkennst mit andern neuen Augen
die ird'schen Dinge, die jetzt nicht mehr taugen.

Geburt

Der Worte Vielzahl ist nicht was ich meine,
wenn meine Reise hier zu Ende geht,
ich suche jenseits allem äußern Scheine
das eine, das von Anfang her besteht,

gleich einem zweiten Leben, tief verborgen,
als banges Sehnen und der Hoffnung Keim,
entgegen wandernd einem neuen Morgen,
durch Leid und Schmerz gewandelt, wenn ich heim

nun wende meiner müden Schritte Gang.
Ich fühle, wie im Auf- und Niedersteigen
der Dinge sie sich ihrem Ende neigen,

indem ich gehe diesen Grat entlang,
gleich einem Wesen das sich selber findet,
in sich zuletzt das wahre Wort entbindet.

Abschied

Mich dünkt, als ob ein fernes Meeresrauschen
dir Kunde gibt von jener andern Welt,
die nah dir ist, und bald wirst du vertauschen
das Lebenskleid, wenn nun der Schleier fällt.

Und Blicke werden uns zu stummen Zeichen,
so groß und weit und über uns hinaus,
vergebens suchen Hände zu erreichen,
was nun verlassen will das Erdenhaus.

Sehr leise ist der Abschied vorbestimmt,
behutsam lenkt ein Wesen deine Schritte,
der Weg, er führt hinaus aus uns'rer Mitte,

indem er deine Spuren mit sich nimmt.
Ein stilles Leuchten rückt an dieser Stelle
dein Bild in uns in ungeahnte Helle.

Einheit

Es ist ein großes Ding und schwer zu fassen,
wenn Wege enden außerhalb der Zeit,
die uns beschieden ist, und wir verlassen
das Land, das uns're Füße trägt und weit

sich öffnet, was bisher so ganz verborgen
und unsichtbar für unsre Augen war;
entgegen dämmernd einem neuen Morgen,
der über allem leuchtet seltsam klar;

ein Teil des Lichts vom großen, ew'gen Licht,
wie es von Anfang war, uns zu begleiten
in Seelengründen und uns zu bereiten

des Weges Spur, die frei macht jene Sicht
ins and're Land, um dadurch zu erkennen,
was wir als Einheit dann zuletzt benennen.

Angekommen am großen Ziel

Es scheint, als ob nach einer langen Reise
du angekommen wärst am großen Ziel
und bist getaucht ganz unvermerkt und leise
hinein in dieses bunte Farbenspiel,

da Licht und Dunkel sich die Hände reichen,
und vor dir liegt das Meer unendlich weit,
das Ende suchst du, kannst es nicht erreichen,
weil außerhalb von beidem, Raum und Zeit,

das and're Ufer liegt, und jenes Land
dir fremd noch ist, wo solche Wesen leben,
die schwerelos durch deine Träume schweben.

Dein Schicksal hat dich nun hierher gesandt;
wenn dunkle Schatten sich mit Licht verbinden,
magst du den Weg zur ew'gen Heimat finden.

Am Ende

Es scheint, als gingen Wege hier zu Ende,
wo Raum und Zeit zu einem großen Wort
sich finden und an diesem einen Ort
ein Zeichen setzen, wie vor einer Wende,

da Nacht dem Tage folgt und aus den Tiefen
dem Wartenden ein neues helles Licht
wie nie zuvor aus jenem Dunkel bricht,
da Geister sind, die uns beim Namen riefen.

Wir alle gehen diesen Weg allein,
durch Einsamkeit, verzagt und ganz verlassen,
die Brücke trägt, doch niemand kann es fassen,

wenn wir hinüber gehn ins and're Sein,
wo jene warten, die vorausgegangen,
um uns als ihresgleichen zu empfangen.

II.

Gespräche mit P.,
der uns viel zu früh verlassen hat
Vier Bilder in Todesnähe

Sehnsucht

Ich weiß, du selbst bist niemals dort gewesen,
und doch hat hingezaubert deine Hand
in zarten Farben, die aus deinem Wesen
entsprungen sind, ein lichtes, helles Land.

Wie mögen dir der Sehnsucht weite Räume
von licht durchflossenen Gestalten glühn,
die aus dem Urgrund deiner Kindheitsträume
nun einem fernen Land entgegen blühn?

In weit geschwung'nem Bogen fließt ins Meer
ein flacher Strand, gleich einer sanften Welle,
von weither kommend, um an solcher Stelle

sich hinzugeben, und das umso mehr,
als dieser Augenblick die Schwelle kündet,
wo Sehnsucht ihre wahre Heimat findet.

Öffnung

Für diesmal schaut dein Auge blaue Berge
sich schichten wie in einem tiefen Traum,
das Innenbild fügt sich zu diesem Werke
und drängt hinaus in weiten Himmelsraum.

Wie über eine Brücke führen Wege,
in eine Gegend, die auch uns vertraut,
Begegnung findet statt auf schmalem Stege,
den du für uns hast unsichtbar erbaut,

und der doch öffnet einen weiten Blick
auf große Dinge, die wir alle kennen,
die durch sich selbst uns ihre Namen nennen.

So steht in einem solchen Augenblick
das Land uns offen, wo in Zukunft leben,
die mit uns nach verborg'nem Ziele streben.

Weg ins andere Land

Ich frage dich, ist das der Weg hinüber
ins and're Land, dem deine Sehnsucht gilt?
Ein mildes Licht strahlt uns von dort herüber
und hat ins Abendrot getaucht das Bild.

In stillem Frieden endet so die Reise,
vor dir dehnt sich das Meer unendlich weit,
du hast uns hergeführt auf deine Weise
an diesen Ort, wo Zeit und Ewigkeit

unmerklich ineinander übergehn.
Nur einmal suchen irdische Gestalten
in Form von flachen Inseln aufzuhalten

den Weg, den dir dein Schicksal ausersehn.
Bist du schon dort, wer von uns kann es fassen,
die wir am Ufer stehn, zurückgelassen?

Vermächtnis

Zum Abschied haben deine schmalen Hände
gespendet uns ein helles Bildniswort,
die Reise findet hier ihr frühes Ende
an diesem lichten, friedevollen Ort.

Mich dünkt, es führt aus alten Kindheitstagen
ein weiter Weg zu einem solchen Strand,
es ist, als wolltest du uns nochmals sagen,
wie du hast schauen dürfen dieses Land,

das nah dir liegt und über welchem ruht
ein helles Licht aus deines Herzens Tiefen
von Geistern, die dich einst beim Namen riefen.

Dir unbewusst gelebt in ihrer Hut,
sind sie den Weg mit dir bisher gegangen,
zum Schluss vorausgeeilt, dich zu empfangen.

Opfergang

Ich sehe dich die letzten Bilder malen,
die du für uns zurückgelassen hast,
dadurch gemildert deiner Krankheit Qualen,
die fast zu schwer für eines Menschen Last.

Und woher ist nun dieses Licht genommen,
das seit der Zeit in deinen Bildern lebt,
wie heißt der Engel, der zu dir gekommen,
mit Schöpfergeist zum Schluss dich hat belebt?

So bist geführt du worden deinen Weg,
es war, als solltest du ein Werkzeug werden
des Lichtes hehrer Botschaft hier auf Erden,

bevor ein Schicksal still dich nahm hinweg,
du aber bist mit liebevollem Wesen
ein Zeuge solchen Opfergangs gewesen.

III.

Kerzenständer
Lichtträger für Lebende und Tote

Kleine Kerzenschale

Du kleine Schale, unscheinbares Wesen,
bist mir begegnet wie ein stilles Wort,
es ist, als seist du immer schon gewesen
für manchen Augenblick der rechte Ort,

wo ich in deinem Rund kann wiederfinden
das Ende eines Weges, der mich führt
zurück zum Ausgangspunkt, um zu verbinden,
was sich als Ziel und Anfang hier berührt.

Nach innen wölbst du dich, darfst stehen fest,
nach außen wächst du, breitest wie mit Händen
dich in den freien Raum hinaus, zu spenden

der Kerze Licht bei einem großen Fest.
Wer dich berührt, der hört es leise singen
und einen hellen Ton in dir erklingen.

Standort des Lichts

Im Wort hab' ich sehr hart mit dir gerungen,
du stummer Zeuge einer alten Zeit,
bis ich zum innern Kern bin vorgedrungen,
der mir enträtselt deine Wesenheit.

Aus sprödem Stoff zu hoher Form vollendet,
zum Dienst berufen durch des Meisters Hand,
ist dunkle Erdenschwere nun gewendet,
hat sich verwandelt in ein helles Land,

da einer schlanken Kerze strahlend Licht
im Zentrum einer kleinen, tiefen Schale
sehr sicher ruht und uns mit einem Male

erkennen lässt, wie aus dem Dunkel bricht
ein weit ausladend Rund, um zu umranden
ein klares Viereck hochgewölbter Kanten.

28

Träger des Lichts

Sehr frei stehst du auf schmalem, schlankem Stabe,
bist Mittelpunkt wo immer du im Raum
zu schweben scheinst als lichterfüllte Gabe
und Spiegelbild zu meinem Innenraum.

In zähem Ringen wohl hat stattgefunden
Geburt der Trägerschaft aus schwerem Grund,
es ist, als wäre damit losgebunden
des Lichtes Möglichkeit zu jeder Stund.

Sehr schlank und hoch erhebt sich jener Stab,
gerät zu einem Aufschwung sondergleichen,
macht offenbar wie weit die Kräfte reichen,

die einst des Schöpfers Hand dem Stoffe gab.
So kann dies helle Licht nach oben weisen
und frei nach allen Seiten Trost verheißen.

30

Des Lichtes Botschaft

Wie einer der hoch aufsteigt und sich wendet
zurück zum Ausgangspunkt und seine Hand
im Fallen öffnet, und dem Umkreis spendet
des Lichtes Botschaft, wo ein helles Land

sich auftut und verborg'ne Wesen leben,
die nun mit einem Male nahes Ziel
erkennen und in hoffnungsvollem Streben
zur Mitte drängen wie bei einem Spiel,

das dauern wird, so lange dieses Licht
den weiten Raum erhellt und damit kündet
von Kräften, die es in der Tiefe findet,

da aus dem schweren Urgrund lebend bricht
des Wesens Form, um wachsend zu entfalten
ein Steigen, Fallen und Entgegenhalten.

Zusammenklang

Des Lebens Wege gleichen einer Reise,
verschieden lang und doch im Augenblick
des Abschieds jeder ganz auf seine Weise
die eignen Spuren aufzeigt, wenn zurück

Gedanken wandern auf begang'nen Pfaden,
bis schließlich wie bei einem großen Bild
die Dinge in Zusammenhang geraten,
wie er für jedes Zieles Mitte gilt.

Der Tag nimmt ab, es leuchtet strahlend Licht
auf solche Pfade, welche plötzlich dunkeln,
indes die Sterne fangen an zu funkeln,

gemeinsam möglich machen eine Sicht,
die zeigt wie an der Grenze Wesen leben,
die das Empfang'ne vielfach wiedergeben.

IV.

Das Leben im Wandel der Zeiten

12 Gedichte als Sonettkranz

1. Nacht

Dem Tages Ende folgt ein tiefes Schweigen,
das lautlos sich im weiten Land verbreitet,
vom Mond am hohen Himmel treu begleitet,
wenn sich in Wiederkehr die Sterne zeigen.

Du weißt in dieser Sphäre dich geborgen,
wo Wesen sind, die leise Sorge tragen,
um uns von allem Übel loszusagen,
bis dann sich zeigen wird ein junger Morgen.

So bist behütet du in Schlafes Hut,
aus Traumes Tiefen wechselnde Gestalten
dir eine solche Welt entgegen halten

auf der die Hoffnung bess'rer Zukunft ruht,
und aus dem Dunkel zu dem Lichte findet,
indem sie uns von neuem Leben kündet.

2. Tag

Indem sie uns von neuem Leben kündet,
erscheint die Sonne aus der Nächte Tiefen,
verborg'ne Wesen sie beim Namen riefen,
und Dunkelheit im Tageslicht sich findet.

Der junge Morgen macht sich auf die Reise
und steigt bis in die höchsten Himmelshöhn,
von wo das weite Erdenrund zu sehn,
und Bilder zaubert er auf eig'ne Weise.

Ein großes Staunen ist in uns erwacht,
wenn wir vor dieser reichen Vielfalt stehn,
als ob zum ersten Mal wir sie gesehn,

wie sie von eines Schöpfers Hand gemacht.
Oh Wunder groß, oh edle Herrlichkeit,
die wir erleben dürfen in der Zeit.

3. Leben

Die wir erleben dürfen in der Zeit:
ein Wunder groß im Wachsen und Entstehn
und immer wieder auch Vergehen sehn,
indem es taucht in die Vergangenheit.

So fühlen wir im Mittelpunkt der Dinge
den festen Standort, der uns zugemessen,
und mehr und mehr das Alte wir vergessen,
wie es geblieben ist als Jahresringe.

Ein neuer Aufbruch öffnet uns die Schau
auf Wesen, die bisher so ganz verborgen,
entgegen streben einem jungen Morgen,

der uns des Himmels unvergleichlich Blau
ein Zeichen der Unendlichkeit lässt werden,
wie kaum zuvor geschehen hier auf Erden.

4. Gefährten

Wie kaum zuvor geschehen hier auf Erden
begannen plötzlich Sterne aus dem Dunkeln
als strahlend helle Lichter an zu funkeln
und ließen, was verborgen, sichtbar werden.

Das waren Wesen, die in schweren Stunden
ganz unvermutet Weggefährten waren,
und Hilfe durften wir durch sie erfahren,
nachdem sie uns gesucht und aufgefunden.

So leben wir durch sie in guter Hut,
und immer wieder werden wir sie spüren,
wenn dornenreiche Wege sie uns führen.

Dadurch entsteht und wächst ein neuer Mut,
wir können Lebensrätseln Hoffnung spenden,
und was uns Kummer macht, zum Bessern wenden.

5. Hoffnung

Und was uns Kummer macht, zum Bessern wenden -
ja, diese Botschaft wollen wir verkünden
und unsern Lebensweg damit verbinden,
auf ihm was seither hinderlich vollenden.

Wir werden hier in weite Ferne gehen,
in steter Wiederkehr der Jahreszeiten,
bestrebt die Nebenwege zu vermeiden,
am Horizont ein Hoffnungszeichen sehen,

das uns die Richtung weist auf rechter Bahn,
und immer mehr das Ziel dann lässt erkennen,
am Schluss beim eigentlichen Namen nennen.

Die Sonne hat auf ihrer Umlaufbahn
uns treu begleitet bis zum letzten Ende,
so stehen heute wir an einer Wende.

6. Wende

So stehen heute wir an einer Wende
hinüber auf die unbekannte Seite,
die uns in ihrer ungeahnten Weite
das ferne Schicksal legt in off'ne Hände.

Wie das wohl sein wird, wenn wir nun erleben
den neuen Himmel und die neue Erde,
kann nach wie vor noch gelten Stirb und Werde,
ob wir dann zeitlos dürfen künftig leben?

Bis heute fehlt dazu das rechte Wort,
denn viele Wege müssen wir noch gehen,
und uns're Augen können das nicht sehen,

was uns an seither unbekanntem Ort
im Lichte neuen Daseins wird erwarten:
die Sehnsucht lebt im Paradiesesgarten.

7. Paradies

Die Sehnsucht lebt im Paradiesesgarten,
dort wo nach langem Suchen wir sie fanden,
gleich einem Bild, in schönem Traum entstanden,
so war denn nicht vergebens unser Warten.

Sie trägt uns wie mit Flügeln weite Wege,
hoch in den Lüften, lässt von da aus schauen
ein reiches Land, dem wir uns anvertrauen,
wie wenn auf ihm verborg'ner Segen läge.

So hat ein gnädig Schicksal uns geführt
zu jenem Ort, dem sehnsuchtsvolles Streben
gegolten hat ein wechselvolles Leben,

und unsichtbar und insgeheim berührt
von einem Helfergeist in manchen Stunden,
bis uns ein Friede dauerhaft gefunden.

8. Friede

Bis uns ein Friede dauerhaft gefunden,
ist eine lange Lebenszeit vergangen,
wie war das doch als alles angefangen
und nun in der Vergangenheit verschwunden.

In der Bestimmung lag das Vorwärtsgehn
auf unbekannten, unsichtbaren Wegen,
ein Lebensziel, das weit von uns gelegen,
und erst nach langer Reise war zu sehn.

Wie wenn sie fliehen würde, eilt die Zeit,
in vielen, vielen ungezählten Stunden
bewegt sie sich in traumhaft schnellen Runden

und ist für den Empfang von uns bereit,
wenn wir ins and're Land hinübergehn,
wo wir ein großes Licht einst werden sehn.

9. Licht

Wo wir ein großes Licht einst werden sehn,
dort weilen wir schon heute in Gedanken,
dass dies so sein kann, dürfen wir verdanken,
den Wesen, die ganz heimlich mit uns gehn.

Auch unsichtbar sind sie für uns am Werke,
begleiten uns auf allen unsern Wegen,
die auf das letzte Ziel sich zubewegen,
und unentwegt erweist sich ihre Stärke.

Das ist zu schätzen als ein kostbar Gut,
wenn wir mit ihrer großen Hilfe ringen,
um unsern Lebensauftrag zu vollbringen.

Dazu gehört nun eben jener Mut,
der nötig ist das Schicksal zu gestalten,
indem wir unsern Wesenskern entfalten.

10. Wesenskern

Indem wir unsern Wesenskern entfalten,
erscheinen ungeahnte Schaffensräume,
auch wenn sie dann verdrängen uns're Träume,
die Kräfte bleiben fernerhin erhalten.

So wollen wir um unsern Auftrag ringen,
der uns gegeben ist in diesem Leben
und dadurch einen Höhepunkt erleben,
als großes Ziel im tätigen Vollbringen.

Nur manchmal kann es auf dem Wege sein,
wenn unvermutet wir an Grenzen stehen,
dass uns're Spuren nicht mehr sind zu sehen

und wir uns wiederfinden sehr allein,
ins Dunkel ist getaucht jetzt uns're Klage,
die nahe Zukunft wird zu einer Frage

11. Zukunft

Die nahe Zukunft wird zu einer Frage,
wir bleiben stumm und üben uns im Hören,
die Ungeduld wird Antwort nur erschweren
und immer mehr zu einer stillen Plage.

An deren Stelle soll die Hoffnung treten,
die uns erlaubt stets Neues aufzufinden,
um dann was ist mit Künftigem verbinden
und so das unbekannte Land betreten.

Vor uns erscheint das selbst gesteckte Ziel,
und wir bemühen uns es zu erreichen,
wenn alle Hindernisse werden weichen.

So ist das Leben wie ein großes Spiel,
im Auf und Ab auch Leiden uns begleiten,
doch überwunden durch des Lebens Freuden.

12. Neuer Morgen

Doch überwunden durch des Lebens Freuden
sind Angst und Not und all die vielen Sorgen,
indes erwartet uns ein neuer Morgen
und bringen wird er Ende aller Leiden.

Die Zeit steht still und wir in ihren Händen,
der Sonne ew'ges Licht ist uns ein Zeichen,
dass wir der Schöpfung hehres Ziel erreichen,
wenn wir einst unser Dasein hier beenden.

Und Dankbarkeit gilt diesem hohen Gut,
das immerwährend von dem Leben kündet
und darin einzige Bestimmung findet.

Behütet sind wir in des Schlafes Hut,
und die Geschöpfe sich in Ehrfurcht neigen,
dem Tages Ende folgt ein tiefes Schweigen.

V.

Abschied und Übergang

Grenzerlebnisse

Grenzerfahrung

Mir war, als träumte ich ein zweites Leben,
geführt von einer unsichtbaren Hand,
fast schien es so, als würde mir gegeben
für kurze Zeit ein Blick in jenes Land,

da Berges Rand und Himmel sich berühren,
sich öffnet uns ein heimatlicher Raum,
sehr zögernd nur, doch einmal darfst du spüren,
wo deine Reise enden wird, und kaum

ist dir begegnet solch ein Augenblick,
bist du erwacht aus deinen tiefen Träumen,
der Abend naht, du sollst nun nicht mehr säumen,

den nächsten Weg zu gehn ins Tal zurück.
So nahe waren dir des Himmels Wesen,
als seien sie ein Teil von dir gewesen.

Pandemiebedrohung

Ein unsichtbarer Feind ist uns erstanden,
sehr tückisch aufgetaucht an jedem Ort
und ausgebreitet hin in weiten Landen,
bedrohlich wirkend wie ein Weltenmord.

Das trifft nicht mich nur, dringt hinein in alle,
kennt keinen Unterschied, ob arm, ob reich,
es ist, wie wenn wir nun in einer Falle
entgegen sehen einem sterbend' Reich.

Das macht, dass wir im Innersten besetzt
von Angst vor diesen unsichtbaren Mächten,
die nun in blinder Gier, was menschlich, ächten

und uns im tiefsten Inneren verletzt.
Vielleicht kann diese Seelenqual entbinden,
was wir als uns're Hoffnung wieder finden.

Der Töne Wohllaut

Es ist, als hörte ich von ferne singen
ein altes Lied, das einst vertraut mir war,
und mit ihm hebt erneut nun an zu klingen
der reinen Töne Wohllaut wunderbar.

Und wie sie jetzt vom andern Ufer künden,
vertraute Botschaft, die in mir entstand
und Wege ging, um später zu verbinden,
was auf dem Rückweg dann Begegnung fand.

Das macht, dass ich sehr froh und glücklich bin
und mich, still lauschend, diesem Klang hingebe,
dabei ein neues Hören so erlebe.

Erschlossen hat das Echo diesen Sinn
und wird begleiten mich in weite Ferne,
fast möcht' ich sagen bis ins Reich der Sterne.

Lebensgang

Mir ist, als schaute ich in weite Räume,
wo lichte Wolken auf- und nieder schweben
und in sich bergen meiner Kindheit Träume,
die nun als bunte Bilder in mir leben.

Ich sehe, wie sie mir entgegen halten
ein Wesen, das heut' sichtbar vor mir steht,
lebendig wird in wechselnden Gestalten
und jetzt schon soviel Jahre mit mir geht.

Doch vor mir liegt noch unbekanntes Land,
das ich betreten werde bis zum Ende,
wo Übergang erfolgt nach einer Wende,

die trennt, was mich mit Irdischem verband,
erkennen werd' ich dann ein neues Leben:
ihm gilt schon lange meiner Sehnsucht Streben.

Des Tages Beginn

Wenn Glockenschläge einen Tag beenden,
die Welt um uns zur Ruh´ gekommen ist,
wird sich zu einem neuen Morgen wenden
der Zeitpunkt, dessen Zeuge du nun bist.

Und senden wird das Frühlicht seine Strahlen
in Himmels Weite über uns hinaus,
dort will es seine gold'nen Bilder malen
zu schmücken wiederum das Erdenhaus.

So ist des Zeitenlaufes Wiederkehr
ein treues Maß der Ewigkeit in Stunden
und hat zum wiederholten Mal entbunden

der Hoffnung reiche Frucht, und umso mehr
kann neues Leben seinen Anfang finden,
Gewesenes mit Künftigem verbinden.

Erdenreise

Ein Tag wie keiner, lichtvoll ausgekleidet;
die Kraft verborg'nen Seins wird heute sichtbar,
in wundersamen Fernen zubereitet,
wo Leben atmet und im Anfang Licht war.

Der Liebe Opfer ganz auf ihre Weise
verlässt als Stern den heimatlichen Raum,
Verwandlung kündend, und die Erdenreise
beginnt als Morgenrot am Himmelssaum.

Die Tage gehn und weisen dir den Weg,
umsäumt von Himmelsboten und Gestalten,
die dir zur rechten Zeit entgegen halten,

und sei es manchmal nur auf schmalem Steg,
die Möglichkeiten, die dich dorthin bringen,
wo du des Lebens Ziele kannst erringen.

Grenzübergang

Ein Ruf von weither ist an euch ergangen,
ganz plötzlich habt im Innern ihr verspürt,
dass seither wie im Fluge ist vergangen,
was an des Lebens Ende hat geführt.

Ein großes Staunen über das Geschehen
wird wach, wenn ihr nun an der Grenze steht,
erleben werdet irdisches Vergehen
von allem, das so lange schon besteht.

Und vorbestimmt ist euch ein and'rer Weg,
vertraute Wesen ringsum ihn begleiten,
um Heimat für die Zukunft zu bereiten,

wenn über einen schmalen Steg hinweg
behutsam aber sicher sie dann führen
und öffnen werden euch verschloss'ne Türen.

Neuer Aufbruch

Ein Waldesdunkel hat mich aufgenommen
und schützend seine Hand auf mich gelegt,
so bin ich denn an diesen Ort gekommen,
den ich als stillen Wunsch in mir gehegt.

Und wie ein Nachhall ist's aus weiter Ferne,
was seither mich beherrscht als Lärm der Zeit.
Das macht, dass ich verlasse nunmehr gerne,
was gestern war, zu neuer Tat bereit.

Da wo ich jetzt bin öffnet sich ein Blick
auf Dinge, die zu solchen Fragen werden,
wie sie uns auferlegt sind hier auf Erden.

In dieser Stimmung schaue ich zurück,
kann Antwort dabei mehr und mehr erkennen,
und sichtbar Werdendes beim Namen nennen.

Weggegangen

Der du ganz still und leise bist gegangen
und uns alleine hast zurückgelassen,
die wir am Grabe stehn, wer kann es fassen,
dass nun zu Ende, was einst angefangen.

Auch wenn du nicht mehr unter uns auf Erden
und einen so ganz andern Weg gegangen,
ist was du einmal warst doch nicht vergangen,
wird mehr und mehr zu einem Bilde werden,

das uns begleitet nun an vielen Orten,
wo wir noch glücklich beieinander waren,
und was gemeinsam durften wir bewahren,

so dass es uns zum Eigentum geworden,
auch wenn du für uns rückst in weite Ferne,
und deine Heimat ist im Reich der Sterne.

Trennung

Und lange hatte ich den schönen Traum,
dass du mein eigen seist in diesem Leben
und mich mit dir verbindet in dem Streben
den Ort zu suchen in dem Himmelsraum,

der beiden Heimat sein kann bei den Sternen:
Gemeinsamkeit bis an des Lebens Ende,
im Miteinander hin zu dieser Wende,
wo wir uns in ein and'res Land entfernen.

Bis hierher führte mich mein schöner Traum,
doch als der Tag kam, musste ich erfahren,
dass Opfer einer Trennung wir nun waren.

So hatte ich mich denn getäuscht, und kaum
war dadurch Unausweichliches geschehen,
erlebte ich den Traum zu Ende gehen.

Wiederbegegnung

„Ich bin dir nah' auch jenseits aller Sterne",
so dringt aus Wesens Tiefen an mein Ohr
vertraute Botschaft, die aus weiter Ferne,
sich hier in meine Gegenwart verlor.

Und wie auf's Neue ist mir jetzt gegeben,
was einst uns zueinander hat geführt,
von nun an immer wieder zu erleben
der Seele Ton, im Innersten verspürt.

Wir können nicht mehr beieinander sein,
wo in Vergangenheit auf dieser Erden,
wir uns begegnet sind als Weggefährten.

Das Schicksal will, dass jeder ganz allein
für künftig seines Wesens Mitte findet
und dennoch bleibt, was innerlich verbindet.

Weg der Seele

Wie wird das sein beim Lösen meiner Seele
von ihrem schlichten, irdischen Gewand,
wenn sie auf Anlass höherer Befehle
zurückkehrt in ihr angestammtes Land,

von wo sie einst zur Erde ist gekommen
zu tun die Reise, die ihr vorbestimmt,
bis dann ihr Licht am Ende ist verglommen,
und sie den Weg in höhere Welten nimmt.

Wir alle gehen nun von hier hinweg,
ich mittendrin und ohne anzuhalten,
und ringsherum erblicke ich Gestalten,

die mir vertraut sind, auf dem gleichen Weg
ins andre Land, dem unser Ziel gegolten,
und das wir immer schon erreichen wollten.

VI.

Standortwechsel

Grenzbereiche zwischen Leben und Tod

Fortgegangen

Mir ist, als hörte ich von ferne rauschen
der Wellen Vielzahl ohne Unterlass,
ich sehe dich am Fenster stehn und lauschen,
zwei Tränen fallen, meine Hand ist nass.

Da bist du denn ganz leise fortgegangen,
in Sehnsucht lichten Räumen zugewandt,
erloschen schien dein irdisches Verlangen
nach meiner für dich ausgestreckten Hand.

Zwei Tränen fallen in ein weites Meer,
für Augenblicke sind sie sichtbar worden;
frei schwebt die Seele nun an andern Orten.

In manchen Nächten tönt ein Ruf, woher
auch immer diese Stimme ist gedrungen,
ein bleibend Lied hat sie für mich gesungen.

Letzter Geleit

Wir hatten dich den schweren Gang begleitet
bis hin zu deines Daseins nahen Grenzen,
von lang her schien der Weg dir zubereitet,
und was du nicht erreicht hast, wird ergänzen

ein gnädig Schicksal auf der andern Seite,
und das Gewesene ist nun vergangen,
vor dir sich auftut ungeahnte Weite,
ein Leben, das ganz neu hat angefangen.

In unsre Trauer mischt sich dann auch Freude,
denn deiner Leiden Qualen sind beendet,
ein strahlend Licht auf diesem Weg jetzt spendet

ein Hoffnungsmerkmal in dem großen Leide,
für uns, die wir allein zurückgeblieben,
doch liebevoll Erinnern ist geblieben.

Standortwechsel

Nur selten ist von uns wohl zu erkennen,
dass sich im Umkreis jener Ort befindet,
der machmal von des Lebens Ursprung kündet,
und einem Land, das wir das gute nennen.

Doch vorerst ist der Alltag unser Leben,
Begleiter auf den Wegen dieser Erde,
bis schließlich eine zweite Heimat werde,
wenn wir den Übergang dorthin erleben.

Entstehen wird ein helles, großes Licht,
wenn alte Bilder mehr und mehr verblassen,
nachdem sie sind von uns zurück gelassen.

Und grenzenlos die Dunkelheit durchbricht,
was seither unsichtbar mit uns gegangen,
ein neues Leben dann hat angefangen.

Der Kerze warmes Licht

Bis ganz zuletzt hieltst du in deinen Händen
der Kerze wundersames, warmes Licht
und warst bereit es liebend uns zu spenden,
auf dass es nahe Dunkelheit durchbricht.

Doch hast du alles dann zurück gelassen
und bist den letzten Weg allein gegangen,
was seither Leben hieß, hast du verlassen,
erloschen schien dein irdisches Verlangen.

Und nur geblieben ist an dieser Stelle
ein Licht, das dich begleitet in die Ferne,
die Heimat finden wird im Reich der Sterne,

erleben darf beim Abschied solche Helle,
wenn wir dein liebevolles Dasein spüren
und dich als neugeboren dann berühren.

Inhaltsangabe

Stimmen zu dem Gedichtband „Des Lebens Wege"

„Was für ein Reichtum an liebevoll gestalteten Sonetten über Sterben und Tod, vier Bilder in Todesnähe, Lichtträger für Lebende und Tote und Grenzerlebnisse!
Es sind tief empfundene Wahrheiten und Erlebnisse, die den Leser nachdenklich, vorausahnend, wach und dankbar stimmen. Vielen herzlichen Dank!"

A.L., Unterlengenhardt

„Ich bin ganz berührt von Ihren Texten, die so bildhaft und zart an die Schwelle zur geistigen Welt hinführen. Da braucht man gar nicht traurig zu sein, sondern kann versuchen, mitzugehen und zu ahnen, wie es am andern Ufer aussieht."

D.T., Bichishausen

„Dein liebevolles, bis ins kleinste Detail gehendes, wortfinderisches Erleben und Beschreiben von Schalen, Kerzen, Form und Licht, das alles erhellt, über- strahlt und dazu noch die schönen Bilder.... Alle Gedanken zur geistigen Welt über Naturerlebnisse und - beobachtungen... So eine schöne, poetische Wortwahl und -findung, die einen mitnimmt in den Wechsel zwischen Hier und Drüben in dieser klaren Struktur der Dichtung als Sonett, als wäre sie Dir auf den Leib geschrieben, diese Dichtart...."

I.G., Edingen-Neckarhausen

„Ja, Sie sind angekommen in Ihrer Berufung. Wir danken für die Worte Ihrer Botschaft. Die Gedichte sind geprägt von einer Sehnsucht und Vorfreude auf das andere Land. Sie sind getragen von einem Vertrauen, nicht erdgebunden....“

R.Z., Pliezhausen

„Gestern ist Ihr neuer Gedichtband eingetroffen: Bilder und Sonette Danke für das schöne Geschenk. Das Sonett auf der Rückseite ist wunderbar. es ist zweifelsohne auf der Höhe von Rilke, es gehört zu den schönsten, tiefsten und überzeugensten deutschen Sonetten. Ich verneige mich auf Knien vor Ihrem herausragenden Talent. Das Gedicht gehört in jede Anthologie des deutschen Gedichts. Das eine erst Einschätzung. Ich werde die Gedichte alle lesen, und Sie werden noch von mir hören..
Der Band wird einen Ehrenplatz auf meinem Nachttisch einnehmen und mir lebenslänglich griffbereit sein.

„In diesen Tagen habe ich immer wieder in Ihrem Band geblättert und mir die Gedichte der Reihe nach zu Gemüte geführt. Die schönsten sind für mich „Sehnsucht“ und „Am Ende“. Nochmals Dank für das wertvolle Geschenk.“

Ch.F., Übersetzer in Ragusa auf Sizilien

Zugehörige Gedichtbände von Wolfgang Rinn

Weg ins andere Land

Gedichte, 2018
ISBN 9783748149972, Paperback, 5,90 €
BoD - Books on Demand, Norderstedt

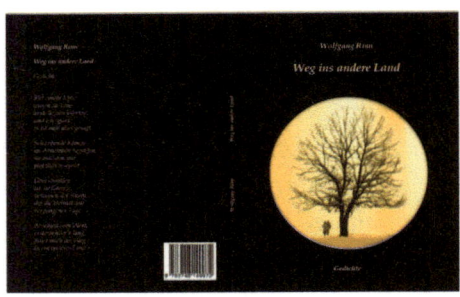

„Weg ins andere Land"nennt der Autor seine Gedichte und deutet damit schon das Ziel an, dem er mit Worten und Gedanken entgegenstrebt. Neben kurzen Ausschnitten aus dem Lebensganzen von Musik, Religion und menschlichen Begegnungen wird rasch erkennbar, welche Bedeutung der Schreibende seinen Worten beimisst, die sich dem Übergang in eine andere, höhere Welt zu nähern suchen. Immer wieder kreisen sie suchend und erkennend um diesen Grenzbereich, und mehr und mehr wird spürbar, was uns jenseits erwartet. Wir lernen dabei ein zweites Wesen kennen, das zum Wegbegleiter wird und den Worten ihre Richtung weist.

Ich sehe dich den Weg zu Ende gehen

Gedichte 2020
ISBN 9783751973168, Paperback, 5,90 €
BoD - Books on Demand, Norderstedt

Im ersten Teil der Gedichte stehen lebendige Bilder und Begegnungen im Jahreslauf im Mittelpunkt, die an herausgegriffenen Beispielen Wunder der Natur in den Vordergrund stellen, um dann in einem zweiten breiter angelegten Teil die Rückkehr und Antwort auf die letzten Dinge zu beschreiben, die unseren Blick auf Abschied, Vergänglichkeit und Tod richten. Die Mitteilungen darüber sind oft wie ein Gespräch über diese Inhalte. Wie das zu Ende gehen eines Weges erleben wir die verschiedenen Stationen einer Welt, die uns erwartet, wenn die Reise hier ihren Abschluss findet.